Werner A. H. Thiel

Wie der Mensch in den Himmel kommt

Der ✝ Weg

AF202366

†

CHRISTUS
IST
AUFERSTANDEN

†

Werner A. H. Thiel

Wie der Mensch
in den Himmel kommt
Der † Weg

© 21.09.2024 Werner Leder
Pseudonym: Werner A.H. Thiel

Bibliografische Information der Deutschen Nationalbibliothek: Die Deutsche Nationalbibliothek verzeichnet diese Publikation in der Deutschen Nationalbibliografie; detaillierte bibliografische Daten sind im Internet über http://dnb.d-nb.de abrufbar.
Druck und Distribution im Auftrag des Autors, Tredition GmbH, Halenreie 40-44, 22359 Hamburg, Deutschland

ISBN: Softcover 978-3-384-35555-3

Wie der Mensch in den Himmel kommt

Es ist an der Zeit, dem Menschen mitzuteilen, dass die Erde nicht seine Heimat ist. Sie ist für ihn nur ein Durchgangsort.

Die wahre Heimat ist der Himmel. Von dort kommt der Mensch und er kehrt nach seiner Erdenzeit wieder dorthin zurück.

Mit Himmel, ist nicht der Himmel gemeint, der die Erde umgibt, mit seinen Sonnen, Monden Sternen und Planeten.

Der Himmel, die Heimat des Menschen, ist der, in dem Gott wohnt. Dieser Himmel ist der Himmel über allen Himmeln, nämlich das unzugängliche Licht. Dort hat Gott, der Himmel und Erde gemacht hat und der alles ist, was ist, sozusagen seinen Stammsitz – auch Thron genannt.

In dieses allumfassende Licht kann niemand eingelassen werden. Die Betonung liegt auf niemand! Denn die überaus stark strahlende Heiligkeit Gottes würde das Seelenauge des Menschen blenden oder gar zerstören. In die Peripherie dieses Lichts aber kann nur eintreten, wer das kostbare Gut besitzt, dass einer haben muss, wenn er hin ein möchte.

Dieses kostbare und edle Gut besteht, nach dem Rat Jesu, aus den Schätzen, die er auf Erden gesammelt haben sollte. Darunter fallen der Glaube, die Nächstenliebe und die Nachfolge Jesu.

Allein das Wenige reicht aus, damit der Mensch in den Himmel kommt. Dort wird er in eine der Wohnungen, die Jesus für seine Nachfolger bereitet hat, eingehen, um mit den Engeln Gott für seine Gnade, Liebe, Güte und Barmherzigkeit zu loben und zu preisen.

Denn Jesus spricht: »Ich bin der Weg und die Wahrheit und das Leben. Niemand kommt zum Vater außer durch mich.« (Johannes 14:6b)

Und außerdem: „In keinem anderen ist das Heil; auch ist den Menschen kein anderer Name unter dem Himmel gegeben, durch den sie gerettet werden sollen." (Apostelgeschichte 4:12)

Denke darüber nach: Willst du den breiten Weg in die Verdammnis gehen oder den schmalen Weg in den Himmel, zu Jesus Christus, der für dich den Weg bereitet hat?

Lies bitte das Neue Testament

∞

Was Jesus sagt

Jesus: Ihr forscht in der Schrift, weil ihr meint, durch sie das ewige Leben zu finden. Gerade die Schrift weist auf mich hin. Und doch wollt ihr nicht zu mir kommen, obwohl ihr bei mir das Leben findet.

———

Nach Johannes 5,39

———

Der Mensch ist so weit von Jesus entfernt, dass er sein Rufen nicht wahrnimmt. Im Trubel der Zeit verliert sich der Mensch und denkt nicht an ein Weiterleben nach seinem Tod. Er schiebt den Tod sein ganzes Leben vor sich her wie einen Albtraum, der hoffentlich nie wahr wird. Und doch ist es so, dass, wer geboren wird, sterben muss.

Es ist gut zu wissen und allen Menschen ratsam, etwas für das Leben nach dem irdischen Tod zu tun; was da wäre, daran zu denken, Jesus in sein Herz aufzunehmen und ihm nachzufolgen.

Denn die Nachfolge Jesu rettet den Menschen vor dem ewigen Tod!

†

Ewiger Kreislauf

Geburt und Tod bestimmen den ewigen Kreislauf von Menschen, Tieren, Pflanzen und allem, was lebt. Sie alle gehen den gleichen Weg auf Erden, vom Werden bis hin zum Vergehen.

Kein Lebewesen kann diesen Weg verfehlen, ihn umgehen oder meiden; denn er ist allem und jedem in die Wiege gelegt.

Alles, was geboren wird, hat seine zuvor bestimmte Zeit. Geht diese Zeit zu Ende, zieht sich das Leben zurück, und es folgt der Tod.

Zwischen Geburt und Tod aber liegen unterschiedliche kurze oder lange Lebenszeiten.

Das Leben von Natur und Tieren liegt in Gottes Hand, ebenso wie das Leben der Menschen. Aber es gibt einen Unterschied, und der liegt beim Menschen. Denn ihn hat Gott aus seiner Schöpfung herausgehoben, zu seinem Ebenbild[1] gemacht und sein Kind genannt.

Kind des Schöpfers zu sein, ist erstens eine große Ehre und zweitens schließt es Verpflichtungen mit ein. Und zwar die: Kindgerecht unter den Augen des Schöpfer-

Vaters zu leben. Das heißt: sich zur Ehre Gottes zu verhalten, sodass er freudig auf sein Kind blicken kann.

Aber tut das der Mensch? Lebt er zur Ehre Gottes? Verhält er sich friedlich? Liebt er seinen Nächsten? Nein, nicht immer.

Nur wenige sind es, die im Gehorsam gegen Gott leben. Die in der Heiligen Schrift forschen, ob es sich wirklich so verhält, wie an Gott glaubende Menschen ihnen sagen.

Es ist wichtig für den Menschen zu wissen, dass das irdische, vergängliche Leben eines Tages erlischt und sie vor dem Herrn stehen, der sie fragen wird: Was hast du mir für Schätze mitgebracht?

Da wird der vor Jesu stehende Mensch seine leeren Hände anschauen und sagen: nichts.

Um diese Situation nicht aufkommen zu lassen, wird allen Menschen angeraten, sich mit der Bibel zu beschäftigen, um die ganze göttliche Wahrheit über sich und die Welt zu erfahren.

Denn wer auf Erden in Saus und Braus lebt und alle irdischen Gelüste auskostet, sich nicht für sein ewiges Leben interessiert, der wird am Ende seiner Erdentage an der Himmelstür erstaunt sein, dass Jesus ihn dort empfängt, den er sein Leben lang nicht gesucht hat und ihm demnach nicht nachgefolgt ist.

Dieser Jesus spricht jetzt zu ihm die alles entscheidenden Worte: »Die Feigen aber und Ungläubigen, und Frevler und Mörder und Unzüchtigen und Zauberer und alle Lügner, deren Teil wird in dem Pfuhl sein, der mit Feuer und Schwefel brennt; das ist der zweite Tod.«

Offenbarung 21,8

---

[1]Gott hat den Menschen als sein Bild geschaffen. Genesis 1,27

∞

Wer oder was bist du?

Mach nicht so viel Lärm um dich. Im Licht der Ewigkeit bist du nicht mehr als ein Atemhauch.. Du benimmst dich aber, als wärest du der Größte auf Erden, zumindest in deiner Familie, in deinem Freundeskreis und am Arbeitsplatz. Leiste erst einmal etwas über deine fleischlichen Empfindungen und Gefühle hinaus, die dein überhebliches Ego züchten.

Tu dich hervor mit guten Taten, mit moralischem Handeln, Respekt vor dem anderen, und begegne deinem Nächsten mit Achtung und Liebe. Komme von deinem hohen Ross herunter, forme dein falsch gebildetes Ego mit Taten der Nächstenliebe. Schalte Geist und Herz ein und erinnere dich an dein spirituelles Erbe, um Gott und den Menschen zu dienen.

Denke nicht daran, dir Vorteile in der Welt zu schaffen. Gib ab von dem, was du besitzt. Sei friedlich und liebe unvoreingenommen deinen Nächsten. Nur so kannst du Frieden schaffen, ohne Waffen.

Sei ein Vorbild für die Menschen in deiner unmittelbaren Umgebung, für Freunde und Bekannte und darüber hinaus für alle, die dich kennen.

Hilfreich soll der Mensch sein, gütig und gut. Das sei der Ansatzpunkt für dein weiteres Leben.

Über den Glauben

> Alles Irdische ist vergänglich, nur der Glaube nicht; da er von Gott kommt und himmlisch ist.

> Wer Glauben auf Erden hat, der hat auch Glauben im Himmel.

> Der Glaube an Jesus Christus ist die Eintrittskarte in das Ewige Leben.

> Vergiss nicht, dir himmlische Schätze auf Erden zu sammeln, damit du eines Tages nicht mit leeren Händen vor Jesus stehst.

---

19 Ihr sollt euch nicht Schätze sammeln auf Erden, wo Motten und Rost sie fressen und wo Diebe einbrechen und stehlen. 20 Sammelt euch aber Schätze im Himmel, wo weder Motten noch Rost sie fressen und wo Diebe nicht einbrechen und stehlen. 21 Denn **wo dein Schatz ist, da ist auch dein Herz.** Matthäus 6, 19 - 21; LU 17

An Gott kannst du glauben,
ihn lieben und verehren,
aber erforschen kannst du ihn nicht.

Glaube, was du siehst und schaue, was du glaubst.

☼

Spiritueller Glaube

Am vorteilhaftesten ist es für Glaubende, wenn sie einer spirituellen Kirche angehören. Denn die Dogmen einiger Kirchen sind wie Gefängnisse für den spirituellen Geist.

Der Glaube soll frei sein, wie Gott frei ist. Denn dafür ging Jesus ans Kreuz, dass wir frei sein sollen von unseren Sünden und frei in unserem Glauben.

Dogmen sind wie Zwangsjacken, die uns die Kirchen anlegen. Dazu kommen noch die unseligen Traditionen. Beide zusammen sind der Tod der Spiritualität.

Ewiges Leben

Auf Erden kann es kein ewiges Leben geben, weil alles, was lebt, vom Grashalm bis hinauf über das Tier zum Menschen, dem Gesetz von Werden und Vergehen unterliegt.

Wisse, oh Mensch, dass du aus Seele, Geist und Leib bestehst; und dass der Leib sterben muss, die Seele aber auffährt zu Gott in den Himmel.

∞

Wer an den Namen
des Sohnes Gottes glaubt,
der hat das Ewige Leben.

------

1. Johannes 5,13

Jesu Ruf

Und weil der Mensch nicht lassen kann von sündigen Begierden, komm ich zur Erde dann und wann, um ihn an mich zu binden.

So wie er war, so hab ich ihn geschaffen einst zum Leben. Doch wie er ist, das wurde er, weil er nicht auf mich hörte.

Ich rufe ihn vom Himmel her und durch meine Propheten: Hör auf MEIN WORT, ich bitte dich; denn du sollst ewig leben.

Gott liebt

In allen Lebenslagen, in Dur und auch in Moll wird dich dein Jesus tragen, bis deine Jahre voll.

Und schaust du dann ins Lichte der Ewigkeit hinein, wirst du vom Angesichte des Herrn erleuchtet sein.

Ob hier auf dieser Erde oder im Himmelreich, Gott liebt die, die ihn auch lieben, und die macht er sich gleich.

Heilende Stille

Jesus: Komm an mein Herz, Geliebter. Lege dein Haupt an meine Brust und erfahre die Heilige Stille, die von mir ausgeht.

Atme die Stille tief ein, damit sie Körper, Geist und Seele durchströmt und göttliche Heilung in dir geschieht.

Ach, würden sich doch alle Menschen für eine kurze Zeit aus dem Trubel der Welt herausnehmen und zu mir in die Stille kommen.

Wäre es so, würde die Welt eine andere, bessere sein. Denn die Stille aus mir heilt die Kranken und bringt der Welt den Frieden.

☼

Ewig auf Erden?

Was ist ewig auf Erden? Nichts ist ewig, außer dem Geist Gottes, der alles beseelt, was er geschaffen hat.

Ewig im Himmel!

Jesus: Denn nach dem Willen meines Vaters hat jeder, der den Sohn sieht und an ihn glaubt, das ewige Leben. Ich werde ihn am letzten Tag zum Leben erwecken.

Ich sage euch die Wahrheit: Wer an mich glaubt, der hat das ewige Leben! Ich selbst bin das Brot, das euch dieses Leben gibt.

———

Johannes 6, 40. 47 (Hoffnung für alle © 1983)

Der schmale Weg ins ewige Leben

Die Pforte ist eng, und der Weg ist schmal, der zum ewigen Leben führt; und nur wenige finden ihn.

———

Matthäus 7:14; Lutherbibel 1912

∞

Wer lebt, wie Jesus sagt, der hat das ewige Leben.

Ich sage euch die Wahrheit: Wer meine Botschaft an-
nimmt und danach lebt, wird niemals sterben.

———

Johannes 8, 51 (Hoffnung für alle © 1983)

Jesus Christus:

Wer das Reich Gottes
nicht empfängt wie ein Kind,
der wird nicht hineinkommen[1].

———

Markus 10, 15; © Luther, Deutsche Bibelgesellschaft 1968

———

[1]Wir sollen wie ein Kind unbefangen glauben; nicht immer alles
hinterfragen, sondern Gottes Wort aus der Heiligen Schrift so
annehmen, wie es dort steht.

G n a d e

Komm zu Jesus,
Komm noch heute.
Komm, der du am Wege stehst.
Weil der Herr mit seiner
Gnade sonst an dir vorübergeht.
Gnade ist dein ganzes Leben.
Gnade führt dich himmelwärts.
Gnade kann kein Mensch dir geben.
Gnade kommt aus Gottes Herz.

~ * ~

Was einen Christenmenschen ausmacht

Seele, Geist und Leib sind eine Einheit, jedes wirkt ins andere hinein – und aus den Dreien zusammen besteht der Mensch.

Die Freundschaft Gottes mit den Menschen

Solange der (Regen-) Bogen am Himmel steht, will Ich mit euch sein. Er ist das Band der Freundschaft zwischen Gott und Mensch. (1.Mose / Genesis 9, 13-17)

Der Weg zum Thron des Herrn

Die Stufen zum Sitz des Allmächtigen sind belegt mit Teppichen aus buntfarbigen Blüten. Nicht dass du beim Gehen auf sie trittst, nein, du schwebst über sie hinweg, auf deinem Weg zum Thron des Herrn.

Gott gibt dir Zuversicht

Mach dir keine Gedanken und sorge dich nicht um so vieles in der Welt. Schon bevor du geboren wurdest, hielt Gott alles fest in seiner Hand.

☼

Zitate

• Christus, das Gesicht der absoluten Liebe.

• Den Körper nährt das Brot der Welt, den Geist das Wort vom Himmelszelt.

• Der Baum der Erkenntnis hat uns nicht wirklich klüger gemacht.

• Die Größe Gottes erkennst du in den kleinsten Dingen der Schöpfung.

• Die Liebe Gottes ist nie wankelmütig, fordernd oder drängend, auf ewig ist sie beständig und gebend.

• Du kannst Gott mit dem Verstand aufnehmen, finden, aber wirst du ihn nur mit deinem Herzen.

• Gott ist so groß, dass der Mensch nicht über ihn hinaus denken kann.

• Grenzenlos, wie der Sternenhimmel, ist Gottes Liebe.

• Gott müsste sich kleiner als ein Mensch machen, damit dieser ihn begreift.

• Nicht durch das, was du nimmst, wirst du reich, sondern durch das, was du gibst.

• Nirgendwo ist Stärke und Kraft größer als in Gott.

• Säe das Gute — und warte nicht, bis es aufgeht.

• Tu alles, was du tust, aus Liebe zu Gott. So wird auch die Liebe zum Mitmenschen in dir wachsen.

_____

Alle Zitate auf Evangeliums.net https://is.gd/OAHdDO

Wer Gott leugnet, dem begegnet er

Wer wird es heut noch wagen und spricht: Gott gibt es nicht! Der wird in Erdentagen genommen in die Pflicht.

Er sieht das Licht des Tages, die Dunkelheit der Nacht. Er spürt das Leben in sich. Wer hat das wohl gemacht?

Er sieht die grüne Erde, die Sterne und das All. Und glaubt, dass dies entstanden allein durch den Urknall.

Er hört die Vögel singen und riecht den Frühlingsduft. Sein Herz schlägt Purzel-bäume in lauer Maienluft.

Er wird sich bald verlieben und auch vermehren gar. Das wird er dann so sehen, dass er der Schöpfer war.

Das Zeugen ist ein leichtes, weil es so angelegt. Das Leben kommt aus Gott, der dieses hegt und pflegt.

Du kannst kein Leben schenken durch den Vermehrungsakt. Dein Fleisch gibst du nur weiter. Das ist allein der Fakt.

Durchdenke einmal alles und spür in dich hinein. Da wird auf alle Fragen auch eine Antwort sein.

Aus manchem Urknallglauben ging Gottes Sieg hervor.
Drum öffnet sich für dich auch Gottes Glaubenstor.

Geh nur mit offnen Augen durch diese schöne Welt.
Dann wird dein dunkles Inneres von seinem Licht
erhellt.

Zögere nicht zu lange. Kehr um zu ihm noch heut. Das
ist es, was die Engel und Gott im Himmel freut.

Sein Licht wird in dir wachsen. Dein Herz jauchzt tief
im Grund. Dem Himmel wirst du danken – und singen
wird dein Mund.

Kommt es in deinem Leben, wie hier geschrieben ist,
dann weißt du, dass du bei Gott gut aufgehoben bist.

———

Vertraue auf den Herrn mit deinem ganzen Herzen und verlass dich
nicht auf deinen Verstand. Sprüche 3,5.

☼

Wie ein Mensch Gott findet

Gott Vater: »Wer mich sucht, wird mich finden! Ich verstecke mich nicht – ICH BIN präsent in allen Dingen. Manch einer entdeckt mich in einer Blüte, ein anderer, wenn er auf das Meer schaut, ein dritter im Sonnenaufgang, ein vierter durch die Äußerung seines Nächsten. So gibt es viele Möglichkeiten im Leben eines Menschen, mich in der Natur, am Himmel oder auch durch zwischenmenschliche Beziehungen zu finden. Doch derjenige, welcher mich in seinem Herzen findet, der ist mir am nächsten, weil ich als sein Leben in ihm wohne.

So findet jeder Mensch auf einem anderen Weg zu Gott. Aber der schnellste und effektivste ist der über sein Herz. Wer in seinem Herzen glaubt, dass ICH BIN, der ist über alle anderen Wege im Vorteil. Denn dieser Mensch kann in sich mit mir kommunizieren, mit mir reden, lachen und weinen. Dieses konnten Mose, David, Abraham, Paulus und Johannes, um nur einige zu nennen. Das können heute nur eine Handvoll Menschen, obwohl heute die Kommunikation mit ihnen eine andere ist als in damaliger Zeit.

Welchen Glaubensweg ein Mensch auch wählt, wenn er

mich auf ihm findet und es zu einer Verbindung, einer Vermählung unserer Herzen kommt, dann ist ihm die Zukunft an meiner Seite gewiss – und er wird zur Gotteskindschaft, zum Kind meines Herzens, in Ewigkeit erhoben. Wenn ich von den Kindern meines Herzens spreche, dann meine ich die, welche mir besonders nahestehen. Im Grunde sind alle Menschenkinder Kinder Gottes, doch meinem Herzen nahe, sind nur wenige. Und die, welche in den Ordnungen Gottes leben, sind mir am nächsten. So gibt es die unterschiedlichsten Beziehungen zwischen Gott und den Menschen.

Wer auf Erden mehr über mich erfahren will, der muss sich vertrauensvoll in meine Hände legen; dem werde ich zum rechten Zeitpunkt die Welt hinter dem trennenden Vorhang zeigen. Diese geistige Trennung zwischen Himmel und Erde ist zwar unsichtbar, aber wirkungsvoll erfüllt sie ihre Aufgabe. Jede Seele, die es will, wird von mir hinter diesen Vorhang geführt. Ich hebe sie auf in den ersten, zweiten und dritten Himmel, um daselbst mit den Engeln und den Heiligen zu kommunizieren und geistig dort zu leben.

So hat im Himmel und auf Erden alles seine Ordnung. Ich, der Vater allen Lebens, habe meine liebe Mühe, die Menschen vom Guten in ihnen zu überzeugen. Durch meine Botinnen und Boten, die meine Wortträger sind, und mein intensives Wirken an den Seelen der Menschenkinder, gelingt nach und nach das große, schon vor Zeiten begonnene Werk, die Kinder, die mich lieben, in mein himmlisches Reich zu ziehen.

Alles Sichtbare und Unsichtbare steht in der Ordnung Gottes. Was euch vor Augen scheint, ist nur ein Teil der Wirklichkeit. Daher die Bitte an alle meine Kinder, die sich in die Schule Gottes begeben: Ruft ‚Das Wort der Wahrheit' in die Welt, damit die noch schlafenden Seelen erwachen und sie die Wirklichkeit der sichtbaren und unsichtbaren Welt erfahren. Die Zeit dafür ist reif, meine Lieben.

Viele Seelen auf Erden erinnern sich heute an das >Woher? Weshalb? Warum?< Einige ahnen, andere wissen es, woher sie kommen, weshalb sie auf Erden leben und warum ihre materiellen Körper vergehen müssen. Wenige wissen, dass der Tod das Tor zum ewigen Leben ist. Sie wissen – und dieses Wissen gibt ihnen der Geist Gottes ein. So stehen meine Wortträger, Diener und Boten, im strahlenden Lichtkranz der geistigen Sonne. Sie sind erfüllt vom Drang nach Gott und wollen nur eines, IHM dienen.

Die Zeit ist reif. Daher lasse ich sie reden, rufen, schreiben und singen über ihren Gott. Alle sind sie geleitet von meinem Geist, ob Groß, oder Klein. Diesen Unterschied macht nur ihr, meine Kinder. Vor mir sind alle Boten gleich, egal in welcher Form sie von mir künden. Die einen reden in geschulten, andere in volkstümlichen Worten. Ich rede mit einem jeden von ihnen, wie es der Stand seiner irdischen Bildung erlaubt.«

Das Bild Gottes verwirklichen

• Gott, der den Menschen nach Seinem Bild geschaffen hat, gab ihm auch die Fähigkeit, Sein Bild zu verwirklichen.

Das ist gut zu wissen

• Wer Ohren hat, der höre. Wer einen Mund hat, der rede. Und wer ein Herz hat, der liebe.

Verantwortung

• Der Mensch verantwortet sein Tun und Lassen vor Gott.

Die Vielseitigkeit des Menschen

• Äußerer und innerer Mensch im Einklang, schenkt deinem Menschsein Harmonie.

• Nicht die äußerliche Gebärde ist der Mensch, sondern sein inneres Wesen.

• Ist auch ein Mensch nach außen ein brüllender Löwe,

so kann er doch in seinem Inneren ein sanftes Lamm sein.

Wer sucht, der findet

• Erst, wenn du Geist suchst, findest du ihn.

Stille stärkt und heilt

• Ziehe dich hin und wieder aus der lauten Welt zurück, entspanne dich und komme zur Ruhe. Denn Stille macht dich stark gegen alle Widerstände der Welt.

• Stille ist Balsam für Seele, Geist und Leib und besitzt die Fähigkeit, dich zu beruhigen und zu heilen.

Eine Glaubenshilfe

• Wenn du nicht an Jesus glaubst, aber es möchtest, so tue wie der Vater des kranken Jungen und sprich: „Ich will glauben; Herr, hilf meinem Unglauben!"

———

Markus 9, 14-29.

☼

Die Schmerzen unseres Herrn

Jesus: Spürst du meine Schmerzen für die Kinder in der Welt?

Sie jagen nach Ansehen, Karriere, Ruhm und Geld, nach Lust und Unterhaltung und vielem anderen mehr; aber der Glaube an mich fällt ihnen im Trubel der Welt schwer.

Bring ihnen mein Wort, erzähle ihnen von mir, dass ich sie liebe, heut und morgen, jetzt und hier.

†

Gott sei Dank

~ Gott sei Dank in höchsten Höhen, dass er uns zu sich hin zieht. Dass er nicht durch unsre Sünden sich abwendet und gar flieht.

~ Er in seiner großen Liebe rüttelt alle Kinder wach, dass sie lassen ihre Sünden und ihm folgen freudig nach.

~ Oh du Heiland, tief verwundet durch die Sünden, die wir tun, mach, dass uns dein Wort stets mundet und wir nicht im Finstern ruhn.

~ Alle Tage diese Plagen: Fleischeslust und Geistesfrust. Hilf, dass wir es endlich wagen, hin zu fliehn an deine Brust.

~ Gott sei Dank, für deine Hilfe, die du jedem von uns gibst. Weil du deine Ebenbilder ja von ganzem Herzen liebst.

— Ach, das ist mein großes Sehnen, mit dir leben alle Zeit hier auf Erden, dann im Himmel — bis in alle Ewigkeit.

☼

Kontemplation

Wenn du alle Hindernisse der Materie überwinden willst, dann schließe die äußeren Augen und versenke dich in die Kontemplation, damit der Geist Gottes dir die innere Wahrnehmung schenkt zur Erfahrung des ewigen Seins in dir.

———

Erst, wenn wir alle Hürden und Barrieren der Materie überwinden, und uns Gott hingeben, öffnet der Geist Gottes uns die innere Wahrnehmung und wir erfahren ewiges Sein in und außer uns.

Im Christentum heißt es:
ein Gott, ein Vater,
ein Sohn/Jesus,
ein Heiliger
Geist.

~ * ~

Was Jesus sich wünscht

~ Jesus sagt nicht: Baut mir Kathedralen und Kirchen aus Stein. Vielmehr wünscht er sich, dass er in den Herzen der Menschen wohne.

~ Unsere Körper sollen Tempel seines Geistes sein. Deshalb müssen wir sie vom Makel der Sünde befreien. Das geht am besten, wenn wir uns symbolisch unter das Kreuz Christi stellen und uns durch sein Blut reinigen/waschen lassen.

~ Den blutüberströmten Gekreuzigten halten wir uns nach über zweitausend Jahren noch immer vor Augen, beten ihn sogar an, obwohl Christus damals auferstanden und gen Himmel gefahren ist.

~ Den hölzernen Jesus am Kreuz sollen wir nicht anbeten, denn das ist Götzendienst. Wir sollen uns mit dem auferstandenen Jesus in unserem Herzen verbinden. Denn er wohnt und wirkt ja in und durch uns.

~ Jesus spricht: Macht beim Beten nicht so viele Worte, murmelt keine sogenannten Litaneien, betet kurz und innig; denn ich kenne euch in- und auswendig und ich weiß alles, alles von und über euch.

~ Jesus spricht: Ich bin der Herr über Leben und Tod. Kein anderer hat die Macht zu tun, was ich tun kann. Denn mir ist vom Vater alle Macht gegeben im Himmel und auf Erden.

∞

Wir sollten Gott stets danken
für alles, was er tut.
Denn nur durch seinen Segen
geht es uns Menschen gut.

~ * ~

∞ Der Weg zum ewigen Leben ∞

Die Schuld des Menschen / Umkehr und Buße / Neue Geburt / Rechtfertigung / Ewiges Leben

Die Schuld des Menschen

Alle Menschen sind Sünder und entbehren der Herrlichkeit Gottes. (Römer 3, 23)

———

Jesus hat durch seinen Tod am Kreuz sich für alle Menschen auf der Erde als Lösegeld hingegeben und alle von der Sünde und der ewigen Verdammnis befreit.

Umkehr und Buße

Und Jesus antwortete ihnen: »Die Gesunden bedürfen des Arztes nicht, sondern die Kranken. Ich bin nicht gekommen, um die Gerechten zu rufen, sondern die Sünder zur Buße.« (Lukas 5, 31 – 32)

»So sage ich euch, ist bei den Engeln Gottes Freude über einen Sünder, der Buße tut.« (Lukas 15, 10)

———

Bitte lies im Neuen Testament ‚Das Gleichnis vom verlorenen Sohn' Lukas 15, 11 – 24.

Neue Geburt
Jesus und Nikodemus

Unter den Pharisäern war ein jüdischer Ratsherr namens Nikodemus. Dieser kam des Nachts zu Jesus und sagte: »Meister, wir wissen, dass du ein Lehrer bist, der von Gott gekommen ist; denn niemand kann die Wunder tun, die du tust, wenn Gott nicht mit ihm ist.«

Jesus antwortete ihm: »Wahrlich, wahrlich, ich sage dir: Wenn jemand nicht von Neuem geboren wird, kann er das Reich Gottes nicht schauen.«

Nikodemus fragte ihn: »Wie kann ein Mensch noch einmal geboren werden, wenn er schon alt ist? Kann er zum zweiten Mal in den Schoß seiner Mutter gehen und nochmals geboren werden?«

Jesus antwortete: »Wahrlich, wahrlich, ich sage dir: Wenn jemand nicht aus Wasser und Geist geboren wird, kann er nicht in das Reich Gottes kommen. Was aus dem Fleisch geboren ist, ist Fleisch; was aber aus Geist geboren ist, ist Geist. Wundere dich nicht, wenn ich dir sagte: Ihr müsst von Neuem geboren werden.«(Johannes 3, 1 – 7)

Nikodemus wird von Jesus über die Bedingungen für den Eintritt ins Reich Gottes aufgeklärt. Mit der neuen Geburt meint Jesus die geistige Wiedergeburt, die ein Werk Gottes ist, und die für den fleischlich gesinnten Menschen unfassbar ist. Die geistige Geburt kann vom Menschen nur in ihren Wirkungen wahrgenommen werden. Diese benennt Jesus mit dem Bild vom wehenden Wind: »Der Wind weht, wo er will; du hörst sein Brausen, weißt aber nicht, woher er kommt und so ist es bei jedem, der aus Geist geboren ist.« (Johannes 3, 8.

Rechtfertigung
Mit Gott im Reinen

Da wir nun durch den Glauben gerechtfertigt sind, haben wir Frieden mit Gott durch unseren Herrn Jesus Christus. (Römer 5, 1)

Denn aus Gnade seid ihr gerettet worden durch den Glauben. Das ist nicht euer Verdienst, sondern ein Geschenk Gottes. Auch nicht euren Werken ist das zu verdanken, damit sich niemand rühmen kann. (Epheser 2, 8 – 9)

Wahrlich, wahrlich, ich sage euch: Wer mein Wort hört und glaubt dem, der mich gesandt

hat, der hat das ewige Leben und kommt nicht ins Gericht, sondern er ist schon vom Tod zum Leben hindurchgedrungen. (Johannes 5, 24)

• Jesu Worten ist nichts hinzuzufügen, sie beinhalten die volle Aussage, wie der Mensch ewiges Leben erlangt. Und dennoch gibt es so viele Zweifler, die zwar diese Bi belstelle kennen, aber nicht an das Wort Jesu glauben können, weil vieles aus der Welt sie irre macht, ihr Den ken durcheinander bringt. Schauen wir uns aber die Worte Jesu an, lesen sie laut und verinnerlichen sie, ja bewegen sie in unserem Herzen hin und her, vernimmt der innere Mensch die Wahrheit, die aus ihnen heraus strahlt.

Durch lautes Lesen von Jesu Worten dringen diese tiefer in uns ein und werden dadurch für uns glaubwürdiger. Sie manifestieren sich quasi in unserem Seelenherzen, im inneren Menschen.

Jesus sagt: Wenn ihr mein Wort hört und an Gott glaubt, der seinen Sohn zu euch gesandt hat, habt ihr das ewige Leben und kommt nicht in das Gericht, sondern ihr seid aus dem Tod ins (ewige) Leben hinübergegangen! So einfach ist Glaube!

* * *

Ewiges Leben
Der Glaube an Christus

Wer den Sohn hat, der hat das Leben; wer den Sohn Gottes nicht hat, der hat das Leben nicht.
Das habe ich euch geschrieben, die ihr an den Namen des Sohnes Gottes glaubt, damit ihr wisst, dass ihr das ewige Leben habt, und damit ihr an den Namen des Sohnes Gottes glaubt. (1. Johannes 5, 12 – 13)

∞

Biblische E D E L S T E I N E
E W I G E S L E B E N

Denn die Schrift spricht: "Jeder, der an ihn glaubt, wird nicht zuschanden werden!" (Römer 10,11-13)

„Die ihr durch ihn an Gott glaubt, der ihn aus den Toten auferweckt und ihm Herrlichkeit gegeben hat, damit euer Glaube und eure Hoffnung auf Gott gerichtet seien." (1. Petrus 1,21)

„Jeder, der glaubt, dass Jesus der Christus ist, der ist aus Gott geboren; und wer den liebt, der ihn geboren hat, der liebt auch den, der aus ihm geboren ist. Und darin besteht das Zeugnis, dass Gott uns ewiges Leben gegeben hat, und dieses Leben ist in seinem Sohn. Wer den Sohn hat, der hat das Leben; wer den Sohn Gottes nicht hat, der hat das Leben nicht. Dies habe ich euch geschrieben, die ihr glaubt an den Namen des Sohnes Gottes, damit ihr wisst, dass ihr ewiges Leben habt, und damit ihr {auch weiterhin} an den Namen des Sohnes Gottes glaubt." (1. Johannes 5,1,11-13)

»Meine Schafe hören meine Stimme, und ich kenne sie, und sie folgen mir nach; und ich gebe ihnen ewiges Leben, und sie werden in Ewigkeit nicht verloren gehen und niemand wird sie aus meiner Hand reißen. Mein

Vater, der sie mir gegeben hat, ist größer als alle, und niemand kann sie aus der Hand meines Vaters reißen. Ich und mein Vater sind eins.« (Johannes 10,27-30)

„So gibt es jetzt keine Verdammnis mehr für die, welche in Christus Jesus sind, die nicht gemäß dem Fleisch wandeln, sondern gemäß dem Geist. Denn das Gesetz des Geistes des Lebens in Christus Jesus hat mich frei gemacht von dem Gesetz der Sünde und des Todes." (Römer 8:1-9)

„Denn Gott hat uns nicht zum Zorngericht bestimmt, sondern zum Besitz des Heils durch unsern HERRN Jesus Christus." (1. Thessalonicher 5,9)

(Bibelstellen SCHL2000 Schlachter).

Nichts ist dem zuvor Gesagten hinzuzufügen, da es göttliche Wahrheiten sind.

∞

Worte des Herrn - Jesus spricht

»Verdunkelt eure Seelen nicht durch irdische Gelüste. Werdet stille und erfahrt, dass ICH, Gott, in euch BIN.

Haltet euch fern von denen, welche die irdische, vergängliche Welt lieben und verehren. Drängt aber mit Macht ins beständige, ewige Reich Gottes.«

• Achte alle Lebewesen auf Erden, und vernimm die Sprache des Lebens.

• Tauche ein in den Strom des Lebens und spüre seine Kraft.

• Denke nicht ständig an irdische Dinge. Denke mehr an mich – und ich werde dir vieles offenbaren.

• Der Mensch ist von seinem Ursprung her ein göttlichgeistiges Wesen.

• Tu alles aus Liebe zu mir, dann werde ich dich mit meiner Liebe umhüllen und tragen.

• Die Zeit auf Erden ändert sich, doch ich bin ewig derselbe.

†

Das Aussehen Gottes

Menschen stellen sich Gott
in vielerlei Gestalten vor.
Doch Gott hat nur eine Gestalt
in
Jesus Christus.

✝

Jesus, der Retter! Matthäus 5, 48 (Lutherbibel 1912)

Jesus wurde geboren um dich und mich, um alle Menschen durch sein Aufsichnehmen unserer Sünden vor dem ewigen Tod zu retten. Nur wer IHM nachfolgt, das heißt: Wer tut, was Jesus sagt, wird von ihm in den Himmel aufgenommen.

Jesu Worte sind nicht allein Leseworte, die man irgendwann wieder vergisst; sie sind vor allem Hör- und Tu-Worte, das heißt, dass man das Gelesene und Gehörte ausführt.

Sogenannte Sonntags- oder Scheinchristen, die nur in die Kirche laufen, um von den anderen Besuchern gesehen zu werden, um dann daselbst mit ihnen zu ratschen, gefallen Jesus nicht. "Wer zu mir kommt, den werde ich nicht hinausstoßen" spricht Jesus in Johannes 6,37 (Lutherbibel 1984).

Die Nachfolge Jesu ist nicht einfach; denn der Mensch muss alle Dinge lassen, die Gott zuwider sind, und die Gott Sünden nennt. Da gibt es vieles in einem Menschenleben, als da zum Beispiel wären: Ehebruch, Völlerei, Sauferei, Spielsucht, Unehrlichkeit, auch Lügen und Betrügen, üble Nachrede, andere Übervorteilen und so weiter, und sofort. **Kein Mensch ist vollkommen, aber er kann es werden.** Jesus: „Darum sollt ihr vollkommen sein, gleichwie euer Vater im Himmel vollkommen ist."

In der Stille des Herzens begegnest du Gott

Geh in die Stille und füge dich ihr; ich werde kommen und reden mit dir.

Ich will dich leiten mit meinem Wort. Es gibt dir Leben heut[1] und immerfort.

Mein Wort[2] ist Leben, das Wort bin ich selbst du meine Seele ein Wort nun erhältst.

Kommet, ihr Kinder, ach, kommet zu mir, kommt heut zum Heiland, nach Golgatha hier.

Seht doch, am Kreuz, da hängt euer Herr, leidet für euch gar furchtbar und schwer.

Schaut an die Wunden, die Nägel so tief, der Kopf, vor Schmerzen, hängt leidend und schief.

Die Krone darauf, aus Dornen so schwer, bedrückt das Leben des Heilands so sehr.

Das Blut rinnt herab, am heiligen Leib. Oh Jesus, hilf mir, dass ich bei dir bleib.

Schaut, liebe Kinder, schaut mich nur gut an, ich hab es aus Liebe für euch getan.

Die Liebe am Kreuz half euch aus der Not, damit euer Leben nicht endet im Tod.

Ihr sollt doch leben auf ewig bei mir, bekehrt euch, Kinder, jetzt gleich und noch hier.

Wenn ihr nicht umkehrt, wie Kinder werdet, ist euer Eingang[1] zum Himmel gefährdet.

Nur die Bekehrten geh'n ein in mein Licht, die Unbekehrten aber verstellen die Sicht.

Wach auf, du Schläfer, geh aus den Toten, Christus erleuchtet[2] nur seine Boten.

Ich liebe alle, ich ruf sie herbei, damit ich rette, was verloren sei.

Ich will die Rettung, ich will, dass ihr lebt, und durch die Gnade einander vergebt. ([1]Joh 6,63; [2]Joh 1,4; [3]Joh.1,1; [1]Markus 10,15; [2]Eph 5,11)

———

Leseprobe aus dem E-Book: P S A L M E N – Gereimte Kostbarkeiten.

✝

Stille

Ohne Zeiten der Stille
ist unsere Seele
nicht fähig zu leben.

———

Erfahre Stille in dir.

GOTT
IST
STILLE.

~ * ~

Christus, der Schlüssel zum Himmel

Aus lichten Höhen steigt herab Gott selber und wird Mensch. Das ist so groß, dass wir es nicht verstandesmäßig fassen.

Wenn unser Herz, von Gott beseelt, erwacht aus Erdenträumen, dann sehnt es sich nach seinem Wort und Jesus, dem Erlöser.

Wenn irdisch sein unwichtig wird und himmlisch sein erfüllt dich; dann bist du schon ein Kind des Lichts, auf das der Himmel wartet.

Doch wenn du anders denkst als ich und gehst irdische Wege, dann wirst du bald verloren sein in deinem Sein der Lüge.

Du hast die Chance vertan, o Mensch, spricht Gott zu deiner Seele. Dir hat MEIN WORT, der Weg, das Ziel und Christus nicht gefallen.

Wer stirbt und hat kein Schatz[1] bei mir, und will ewiges Leben, der muss erst anerkennen mich, um Christus zu erkennen. (Matthäus 6,20).

Denn ohne ihn gibt es kein Platz bei mir und den Erlösten. Drum greife nach dem Freifahrtschein, der Christus heißt – und komme.

Glaube

Jesus: ICH BIN dir näher als du denkst; denn ich wohne in deinem Herzen und in deiner Seele.

Wenn du mich im Außen suchst, vertust du nur deine Zeit. ICH BIN zwar überall, wohin oder wie weit du auch blickst; und du darfst auch alles bewundern, achten und lieben, was ich geschaffen habe; aber gemeinsam reden können wir nur in deinem Herzen, das meine Wohnstatt ist.

Daher bedenke: ICH BIN bei dir alle Tage, bis an der Welt Ende[1] und ich helfe dir, den Weg zu erkennen, auf dem du mich findest.

---

[1]Matthäus 28,20; (Die Bibel nach Martin Luthers Übersetzung, revidiert 2017, © 2016 Deutsche Bibelgesellschaft, Stuttgart)

†

Worte aus dem Herzen Jesu

Der Mensch ist und bleibt ein Sünder. Aber wer zu mir kommt, dem vergebe ich die Sünden.

Denn er hat den Weg erkannt, wie er aus der Sünde in den Himmel kommt.

ICH BIN für seine Sünden an das Kreuz gegangen, damit er frei davon wird. Also lege er seine Sünden zu Füßen meines Kreuzes, damit ich sie ihm vergebe.

Daher kommt zu mir, die ihr mühselig und beladen seid. Ich will euch von allen Sünden befreien.

†

EWIGKEIT

ist ein großes Wort. Alle Menschen wollen ewig leben.
Keiner will sterben. Und doch können wir nicht ewig
leben, ohne zu sterben. Denn bevor das ewige Leben
beginnt, muss der Mensch gestorben sein. Nach dem Tod
wird der Körper in die Erde gelegt, das Fleisch verwest
und die Knochen zerfallen. Aber die lebendige, ewige
Seele steigt nach dem Tod auf zu Gott in den Himmel.

Kann uns dieses Wissen ein Trost sein? Ja, das kann es;
denn die Bibel sagt: „… Der Mensch geht in sein ewiges
Haus … ehe die silberne Schnur zerreißt … und der
Staub wieder zur Erde zurückkehrt, wie er gewesen ist,
und der Geist zurückkehrt zu Gott, der ihn gegeben hat."

Prediger 12,5-7 SCHLACHTER BIBEL 2000

Es stirbt also der irdische Mensch aus Fleisch und Blut, dagegen lebt
der himmlische Mensch, die Seele, ewig. Alle Seelen schuf Gott mit seinem Wort aus sich selbst,

Daher ist die Seele unsterblich wie Gott. Vor dem Tod brauchen wir
keine Angst zu haben, wir müssen nur, wenn es so weit ist, unseren
irdischen Körper loslassen können, um in die Ewigkeit zu Gott aufzu-
steigen. Aber dieses „loslassen-können" fällt vielen schwer, sehr
schwer, weil sie dem Irdischen so sehr verhaftet sind. Machen wir uns
daher beizeiten auf den Weg, um unsere himmlische Bestimmung zu

erkennen und im Bewusstsein Gottes zu leben.

Das Wort Ewigkeit beinhaltet den Traum aller Menschen, ewig zu leben. Dieser Traum kommt nicht von ungefähr; da die Seele des Menschen weiß und sein Geist es ahnt, dass sie beide nicht sterben werden, da sie von Anbeginn der Schöpfung existieren und ewig sind.

Der ewige Gott hat uns als seine Kinder erschaffen. Sollte er uns dann dem Tod anheimgeben? Welch liebender Vater schickt seine Kinder in den Tod? Keiner!

Der Mensch wird mit der Sehnsucht nach dem ewigen Leben geboren, in das er nach seinem Erdenleben wieder zurückkehrt; denn er kommt *nur* auf einen kurzen Besuch auf die Erde; und nachdem er seinen irdischen Leib abgelegt hat, ist er wieder frei für die Ewigkeit.

Tief im Seelengrund des Menschen ist die Sehnsucht nach ewigem Leben verankert. Aber diese Sehnsucht beinhaltet nicht ewiges Leben auf Erden, sondern sie meint das himmlische ewige Leben bei Gott, Christus und den Engeln.

Der Mensch aber, der meint, das irdische Leben wäre das allein seligmachende, hat die gleiche Sehnsucht in seinem Herzen wie der, welcher an Gott glaubt und weiß, dass Christus ihn zum ewigen Leben erweckt und erlöst hat.

―――

Wer die hier im Buch stehenden Worte anzweifelt, nehme die Heilige Schrift zur Hand und forsche darin, ob es sich so oder anders verhält.

∞

O Haupt voll Blut und Wunden

O Haupt voll Blut und Wunden
Gehorsam wie ein lamm
Erlittst du meine Sünden
Schmerzlich am Kreuzesstamm.

———

Vers 3 aus dem gleichnamigen Gedicht

Das Denken Gottes und des Menschen

Der Mensch denkt in Grenzen,
∞ Gott aber denkt unendlich ∞.

Gott

An Gott kannst du glauben,
ihn lieben und verehren,
aber erforschen
kannst du ihn nicht.

∞

Das neue Kleid der Seele

Die Seele wird gezogen hinauf in Gottes Herrlichkeit. Ihr wird ein weißes Kleid gegeben, das sie dann trägt in Ewigkeit.

Damit lebt sie am Throne Gottes, in lichterfüllter Sphärenheit, und die Erinnrung an die Erde ist bald für sie Vergangenheit.

Denn all die Seelen, die dort leben, mit weißen Kleidern angetan, sind überglücklich, mit den Engeln, und schauen ihren Schöpfer an.

Was willst du, Seele, mehr vom Leben als hinzugehen in das Licht, woraus du einst geboren wurdest. Vergiss das jetzt auf Erden nicht.

∞

Die Sehnsucht des Menschen, ewig zu leben

Auch wenn jahrzehntelang um uns herum und in der Familie Menschen sterben, hoffen wir, dass der Kelch an uns vorübergeht, und der Tod uns verschont.

Warum ist das so?

Weil in unserer Seele ein Gottesfunke wohnt, ein Lebenszeichen unseres Schöpfers.

Durch diesen Funken sind wir auf ewig mit Gott verbunden — E W I G.

Und dass es so ist, spürt unsere Seele und sie hat daher die Hoffnung, dass sie ewig lebt. Und das tut sie auch — aber nicht in unserem materiellen Körper, sondern bei den Engeln im Himmel, im Reich Gottes.

Die Seele in uns ist von der Materie ver-schattet, ja sie wird sozusagen von ihr ausgebremst. Daher kann sie nicht ihr volles Potenzial entfalten, und vieles, was sie aus dem Himmel mitgebracht hat, wird von der irdischen Anziehungskraft überdeckt.
Befassen wir uns aber mit den Aussagen Jesu in der Bibel, lesen und verinnerlichen sie, dann sorgt „Das Wort

Gottes" für mehr Licht in uns — und wir kommen dem Ewigkeitsgedanken unseres Schöpfers einen Schritt näher.

Gott öffnet unseren geistigen Horizont, wenn wir mit ihm kommunizieren, ihm alles anvertrauen, was uns bewegt, und ihn um Dinge des täglichen Lebens bitten.

Sicher ist, dass Gott alles über uns und von uns weiß, und dennoch sehnt er sich danach, mit seinen Kindern zu reden. Schließlich hat er uns als sein Gegenüber geschaffen, als ein geistiges Wesen, mit dem er kommunizieren möchte; erst auf Erden und später im Himmel. Ja, so ist es!

Ein Geheimnis Gottes — wir werden alle verwandelt

Nachdem die Seele die Erde verlassen hat und im Himmel angekommen ist, wird sie von den Engeln jubilierend empfangen, denn das Sterbliche wurde in das Unsterbliche verwandelt.

Im Himmel kann kein Wesen aus Fleisch und Blut existieren, da in der geistigen Welt nur unverwesliche, geistige Wesen lebensfähig sind.

Das ist das Lebensprinzip Gottes: Denn dieses Verwesliche muss Unverweslichkeit anziehen, und dieses Sterbliche muss Unsterblichkeit anziehen.[1]

Weiter heißt es: Dass Fleisch und Blut (*also der irdische Mensch*) das Reich Gottes nicht erben können; auch erbt das Verwesliche nicht die Unverweslichkeit.[2]

Jesus Christus hat die vollkommene Form des Menschseins auf Erden und im Himmel erlangt, da sein Vater in ihm und durch ihn Mensch wurde, und so hat er, Christus, allen Menschen das Bild Gottes offenbart.

Gott Vater hat keinen Körper, keine Gestalt. ER ist formlos und Geist.

———

• Gott wohnt in allen Dingen, daher kannst du IHN in allen irdischen Formen des Lebens finden — auch in dir!

———

[1]1. Korinther 15, 53; [2]1. Korinther 15, 50, 8. Alle Schlachter Bibel 2000

C H R I S T U S,

das Gesicht

G O T T E S,

des Vaters.

†

Das enge Tor und der schmale Weg

Eng ist das Tor
und schmal der Weg
zum ewigen Leben
und nur wenige finden ihn.

Matthäus 7,13-14

~ * ~

Ewiges Leben in Christus

Alle haben das ewige Leben,
wenn sie an den Namen
des Sohnes Gottes glauben.

———

Nach 1.Johannes 5,13

Das ist die Botschaft des 1.Johannesbriefes:
Der menschgewordene Sohn Gottes, "das Wort des Lebens", der das Leben selber ist.

Luther übersetzt obige Bibelstelle: Wer den Sohn hat, der hat das Leben; wer den Sohn Gottes nicht hat, der hat das Leben nicht.

Dem ist nichts mehr hinzuzufügen.

~ * ~

Jesus spricht:

Am Anfang war MEIN WORT und am Ende ist MEIN WORT. Und alle Zeit und Ewigkeit dazwischen ist nichts als MEIN WORT. Ohne MEIN WORT wäre nichts, was ist, denn durch dasselbe ist alles, was ist.

Verbreite MEIN WORT und hilf, die hungernden Seelen zu sättigen und zu retten, damit auf Erden werde, was im Himmel ist: »Vollkommenes Leben in Gott!«

∞

Ich will

Ich will
nicht stumm sein,
auch nicht klagen;
ich will
das Wort nur weitersagen,
das aus dem Munde
Gottes kommt.

―――

2022

☼

Zum guten Schluss

Worte
aller Menschen werden
einst vergehn auf dieser Erden.
Gottes Wort bleibt in der Zeit,
bis in alle Ewigkeit.

――――

2010

Über den Autor

Der Autor war gestern gerade zwölf Jahre alt geworden.

———

Heute kommt er von der Schule und seine Mutter sagt zu ihm, während sie zu Mittag essen: Mein Junge, ab heute heißt du mit Familiennamen statt Thiel, Leder, so wie wir anderen auch. Damit meint sie sich, den Vater und die kleinere Schwester.

Werner bekam innerlich einen Schock. Das gefiel dem von nun an Leder heißenden Jungen überhaupt nicht und seine innere Welt brach zusammen. Hatte er doch die bereits verstorbenen Oma und Opa Thiel über alles geliebt und sich so sehr mit dem Namen Thiel identifiziert. Sicher, er wurde immer wieder in der Schulpause und anderswo von den Kindern geärgert, ob seines anderen Namens. Aber daran hatte er sich längst gewöhnt.

Am anderen Tag gab der Lehrer die Namensänderung von Werner in der Klasse bekannt und alle schrien: Hurra. Von jetzt an lief Werners Leben mit den anderen Kindern normal ab; keine Hänseleien, keine Beschimpfungen mehr.

Doch wie es in seinem Inneren aussah, wusste niemand. Werner konnte die Namensänderung nicht akzeptieren. Sein Leben lang quälte ihn das damalige Geschehen mit zwölf Jahren.

Später fing Werner an, Gedichte, Lieder und Geschichten zu schreiben; und unter dem Namen Werner Leder zu veröffentlichen.

Immer wieder stand ihm so der Name "Leder" vor Augen. Das bedrückte ihn sehr und er suchte nach Wegen, dies zu ändern. Jedoch waren die Umstände zu schwierig und so beließ er es wehmütig dabei.

Jetzt aber, mit fünfundachtzig Jahren, fasst der Autor sich ein Herz und schreibt dieses Buch unter seinem geliebten Namen Werner A. H. Thiel. Wobei A. für Anna Thiel, seine Oma, und H. für Hedwig Leder, geborene Thiel, seine Mutter stehen.

Nun erst hat er den damaligen Schock überwunden und befreit vom Ballast des falschen Namens blickt er erwartungsvoll in die Zukunft.

Bild Seite drei, Werner Thiel, alias Leder zwölf Jahre alt.

☼

Inhalt

Alle Bibelstellen, wenn nicht anders angegeben, nach Luther 1912

∞ Die liegende Acht ist das Symbol für die Ewigkeit und wurde 1655 von John Wallis (Mathematiker) eingeführt. ∞

Alle Bücher dieser Welt,
können die Herrlichkeit Gottes
nicht fassen.

~ *~

HINWEISE

E-Books: Singe, Meine Seele Singe / *Lieder, Gedanken und Gedichte zur Ehre Gottes*

P S A L M E N: *Lobgesänge in Reime gefasst Ein spiritueller Ratgeber, Kindle Ausgabe (BookRix)*

M A N N A *Himmlisches Brot für jeden Tag: Ein immerwährender Bibelleseplan, Kindle Ausgabe*

SEI STILL VOR GOTT: *Durch Gebet, Meditation und Kontemplation zu Gott finden, Kindle Ausgabe*

Gedichte — Sammlung *Lebendiges Wort 1955 – 2023* / Teil I und Teil II

Printbücher: Singe, Meine Seele Singe / *Lieder, Gedanken und Gedichte zur Ehre Gottes*

Gedichte — Sammlung *Lebendiges Wort 1955 – 2023* / Teil I und Teil II

In Jesu Liebe geborgen / *Aus der Quelle der Weisheit* Geistliches Tagebuch I, II ,III

Wissen

Wenn du jetzt weißt,

"Wie der Mensch in den Himmel kommt",

so nimm all das Wissen, schnüre dein Päckchen und folge Jesus nach; denn nur Er kann dir ewiges Leben geben.

———

NOTIZEN

NOTIZEN

NOTIZEN

MIX

Papier | Fördert
gute Waldnutzung

FSC® C083411

Zeitfracht Medien GmbH
Ferdinand-Jühlke-Straße 7
99095 Erfurt, Deutschland
produktsicherheit@kolibri360.de